LA RÉVOLUTION

DE 1848

Paris, les 22, 23 et 24 février.

Documents officiels ;

Derniers actes du pouvoir royal ;

Événements qu'ils causent ;

Traits de Bravoure,

de Patriotisme, de Dévouement, d'humanité

de la Garde nationale

et de toute la population parisienne ;

Fuite du Roi ;

Installation d'un Gouvernement provisoire ;

Proclamation de la République ;

Résumé de tous les journaux.

In-8, Prix : 1 fr.

PARIS

BARBA, rue de la Paix, 4 bis.

GARNOT, rue Pavée-Saint-André-des-Arcs, 7.

1848

Paris.—Imprimerie Bonaventure et Ducessois, 55, quai des Augustins.

Révolution de 1848.

L'Opposition, depuis plusieurs années, demandait une réforme électorale, en raison du grand nombre de députés-fonctionnaires composant une majorité dévouée au ministère.

M. Guizot, ministre des affaires étrangères, assiste à un banquet à Lisieux. A cette manifestation contre-révolutionnaire succèdent, dans les principales villes de France, une soixantaine de banquets en faveur de la Réforme.

Le 12ᵉ arrondissement de Paris doit donner le sien le 22 février, et en même temps protester sur la réponse faite au discours de la couronne par cette majorité approuvant la qualification *des passions aveugles ou ennemies*.

Le 21 Février,

Les journaux publient ce qui suit :

MANIFESTATION RÉFORMISTE,

La commission générale chargée d'organiser le banquet du 12ᵉ arrondissement croit devoir rappeler que la manifestation fixée à demain mardi a pour objet l'exercice légal et pacifique d'un droit constitutionnel, le droit de réunion politique, sans lequel le gouvernement représentatif ne serait qu'une dérision.

Le ministère ayant déclaré et soutenu à la tribune que la pratique de ce droit était soumise au bon plaisir de la police, les députés de l'Opposition, des pairs de France, d'anciens députés, des membres du conseil général, des magistrats, des officiers, sous-officiers et soldats de la garde nationale, des membres du comité central des électeurs de l'opposition, des rédacteurs des journaux de Paris, ont accepté l'invitation qui leur était faite de prendre part à la manifestation, afin de protester, en vertu de la loi, contre une prétention illégale et arbitraire.

Comme il est naturel de prévoir que cette protestation publique peut attirer un concours considérable de citoyens; comme on doit présumer aussi que les gardes nationaux de Paris, fidèles à leur devise de *Liberté, Ordre public*, voudront en cette circonstance accomplir ce double devoir; qu'ils voudront défendre la liberté en se joignant à la manifestation, protéger l'ordre et empêcher toute collision par leur présence; que, dans la prévision d'une réunion nombreuse de gardes nationaux et de citoyens, il nous semble convenable de prendre des dispositions qui éloignent toute cause de trouble et de tumulte ;

La commission a pensé que la manifestation devait avoir lieu dans un quartier de la capitale où la largeur des rues et des places permit à la population de s'agglomérer sans qu'il en résultât d'encombrement.

A cet effet, les députés, les pairs de France et les autres personnes invitées au banquet s'assembleront mardi prochain, à onze heures, au lieu ordinaire des réunions de l'opposition parlementaire, place de la Madeleine, n° 2.

Les souscripteurs du banquet qui font partie de la garde nationale sont priés de se réunir devant l'église de la Madeleine, et de former deux haies parallèles entre lesquelles se placeront les invités.

Le cortége aura en tête des officiers supérieurs de la garde nationale qui se présenteront pour se joindre à la manifestation.

Immédiatement après les invités et les convives, se placera un rang d'officiers de la garde nationale.

Derrière ceux-ci, les gardes nationaux formés en colonnes suivant le numéro des légions.

Entre la troisième et la quatrième colonne, les jeunes gens des écoles, sous la conduite des commissaires désignés par eux.

Puis les autres gardes nationaux de Paris et de la banlieue dans l'ordre désigné plus haut.

Le cortége partira à onze heures et demie et se dirigera, par la place de la Concorde et les Champs-Élysées, vers le lieu du banquet.

La commission, convaincue que cette manifestation sera d'autant plus efficace qu'elle sera plus calme, d'autant plus imposante qu'elle évitera même tout prétexte de conflit, invite les citoyens à ne pousser aucun cri, à ne porter ni drapeau ni signe extérieur ; elle invite les gardes nationaux qui prendront part à la manifestation à se présenter sans armes ; il s'agit ici d'une protestation légale et pacifique, qui doit être surtout puissante par le nombre et par l'attitude ferme et tranquille des citoyens.

La commission espère que, dans cette occasion, tout homme présent se considérera comme un fonctionnaire chargé de faire respecter l'ordre ; elle se confie à la présence des gardes nationaux ; elle se confie aux sentiments de la population parisienne, qui veut la paix publique avec la liberté, et qui sait que pour assurer le maintien de ses droits, elle n'a besoin que d'une démonstration paisible, comme il convient à une nation intelligente, éclairée, qui a la conscience de l'autorité irrésistible de sa force morale et qui est assurée de faire prévaloir ses vœux légitimes par l'expression légale et calme de son opinion.

Pendant la nuit du **21** au **22**, les murs de Paris sont couverts d'un arrêté de la préfecture de police dont voici la copie :

PRÉFECTURE DE POLICE.

ARRÊTÉ.

Vu la déclaration qui nous a été faite, relativement à un banquet qui doit avoir lieu le mardi 22 courant, à midi, dans un local situé rue du Chemin-de-Versailles, à Chaillot.

Vu également : 1° l'art. 3, du tit. XI de la loi des 16-24 août 1790, ainsi conçu :

« Les objets de police confiés à la vigilance et à l'autorité des corps » municipaux sont... 3° le maintien du bon ordre dans les endroits où » il se fait de grands rassemblements d'hommes, etc. »

2° L'art. 86 du titre premier de la loi du 22 juillet 1791, ainsi conçu :

« Le corps municipal pourra, sous le nom et l'intitulé de délibéra- » tion, et sauf la réformation, s'il y a lieu, par l'administration du dé- » partement, faire des arrêtés sur les objets qui suivent : 1° lorsqu'il » s'agira d'ordonner les précautions locales sur les objets confiés à sa » vigilance et à son autorité par les art. 3 et 4 du tit. XI de la loi des » 16-24 août 1790. »

3° L'article premier de l'arrêté du gouvernement du 12 messidor an VIII (1er juillet 1800), portant que :

« Le préfet de police prendra les mesures propres à prévenir ou dis- » siper les attroupements... les réunions tumultueuses ou menaçant la » tranquillité publique ;

4° L'arrêté du gouvernement du 3 brumaire an IX (25 octo- bre 1800) ;

5° L'ordonnance de police du 30 novembre 1830.

6° L'ordonnance de police du 31 mai 1831, qui soumet les bals, ban- quets, et généralement toutes les réunions auxquelles on est admis, soit à prix d'argent, soit par souscription, ou par tout autre mode leur don- nant un caractère public, à l'obtention d'une autorisation préalable du préfet de police ;

Et 7° l'art. 471 n° 15 du Code pénal ;

Considérant que, d'après la notoriété publique, un grand nombre de personnes doivent prendre part au banquet susrelaté, pour lequel des commissaires ont été nommés et des souscriptions publiques provoquées par la voie de la presse ;

Considérant que, dans les circonstances présentes, les rassemblement, réunion et banquet projetés sont de nature à compromettre le bon ordre et la tranquillité publique ;

Avons arrêté et arrêtons ce qui suit :

Art. 1er. La réunion et le banquet précités sont interdits.

Art. 2. Le présent arrêté sera notifié à qui de droit.

Art. 3. Toutes mesures seront prises pour assurer l'exécution du pré- sent arrêté.

Fait à Paris le 20 février 1848.

Le pair de France préfet de police,

G. DELESSERT.

Le 22 Février,

La population parisienne est informée par les journaux que le banquet n'aura pas lieu, l'Opposition désirant éviter toute espèce de perturbation.

Le journal le *Siècle* s'énonce ainsi :

A TOUS LES CITOYENS.

« Une grande et solennelle manifestation devait avoir lieu
» aujourd'hui en faveur du droit de réunion contesté par le
» gouvernement. Toutes les mesures avaient été prises pour
» assurer l'ordre et prévenir toute espèce de trouble. Le gou-
» vernement était instruit depuis plusieurs jours de ces me-
» sures, et savait quelle serait la forme de cette protestation. Il
» n'ignorait pas que les députés se rendraient en corps au lieu
» du banquet, accompagnés d'un grand nombre de citoyens
» et de gardes nationaux sans armes. Il avait annoncé l'inten-
» tion de n'apporter aucun obstacle à cette démonstration tant
» que l'ordre ne serait pas troublé, et de se borner à constater
» par un procès-verbal ce qu'il regarde comme une contra-
» vention et ce que l'Opposition regarde comme l'exercice d'un
» droit. Tout à coup, en prenant pour prétexte une publica-
» tion dont le seul but était de prévenir les désordres qui au-
» raient pu naître d'une grande affluence de citoyens, le gou-
» vernement a fait connaître sa résolution d'empêcher par la
» force tout rassemblement sur la voie publique, et d'inter-
» dire, soit à la population, soit aux gardes nationaux, toute
» participation à la manifestation projetée. Cette tardive réso-
» lution du gouvernement ne permettait plus à l'opposition de
» changer le caractère de la démonstration. Elle se trouvait
» donc placée dans l'alternative ou de provoquer une collision
» entre les citoyens et la force publique, ou de renoncer à la
» protestation légale et pacifique qu'elle avait résolue.

» Dans cette situation, les membres de l'Opposition, per-
» sonnellement protégés par leur qualité de député, ne pou-
» vaient pas exposer volontairement les citoyens aux consé-
» quences d'une lutte aussi funeste à l'ordre qu'à la liberté.
» L'Opposition a donc pensé qu'elle devait s'abstenir et laisser
» au gouvernement toute la responsabilité de ses mesures.
» Elle engage tous les bons citoyens à suivre son exemple.

» En ajournant ainsi l'exercice d'un droit, l'Opposition
» prend envers le pays l'engagement de faire prévaloir ce droit
» par toutes les voies constitutionnelles. Elle ne manquera pas
» à ce devoir; elle poursuivra avec persévérance et avec plus
» d'énergie que jamais la lutte qu'elle a entreprise contre une
» politique corruptrice, violente et anti-nationale.

» En ne se rendant pas au banquet, l'Opposition accomplit
» un grand acte de modération et d'humanité. Elle sait qu'il
» lui reste à accomplir un grand acte de fermeté et de justice. »

« En conséquence de la résolution prise par l'Opposition, un
» acte d'accusation contre le ministère sera immédiatement
» proposé par un grand nombre de députés parmi lesquels
» MM. Odilon Barrot, Duvergier de Hauranne, de Malleville,
» d'Aragon, Abatucci, Beaumont (Somme), Georges de La-
» fayette, Boissel, Garnier-Pagès, Carnot, Chambolle, Drouyn
» de l'Huys, Ferdinand de Lasteyrie, Havin, de Courtais, Vavin,
» Garnon, Marquis, Jouvencel, Taillandier, Bureaux de
» Puzy, Luneau, Saint-Albin, Cambacérès, Moreau (Seine),
» Berger, Marie, Bethmont, de Thiars, Dupont (de l'Eure), etc.

Le cadre que nous nous sommes tracé ne nous permet
que de donner un récit sommaire de cette journée du 22.
Nos lecteurs se figureront facilement combien d'autres
faits déplorables sont arrivés.

Dès dix heures du matin, les abords de la Chambre des
Députés, le pont et la place de la Concorde, la rue Royale
et la place de la Madeleine s'encombraient d'une foule
grossissant de moment en moment; les élèves des écoles

se présentent à la chambre ; ils trouvent les troupes qui les couchent en joue ; ils découvrent leurs poitrines et disent : « Tuez-nous!!! » Les fusils se relèvent, et ils passent.

Les municipaux, vers midi, balayèrent la foule qui se trouvait sur le pont de la Concorde ; les dragons descendirent au grand galop la contr'allée des Champs-Élysées ; des sifflets, des huées, furent lancés contre la garde municipale ; un cabriolet contenant deux dames fut arrêté, les dames descendirent et le cabriolet fut renversé. Alors des cavaliers se détachèrent, les dragons firent plusieurs charges sans dégaîner, — les municipaux chargèrent. On releva sur le pavé une dame fort âgée qui avait été tuée sur le coup. Un ouvrier atteint d'un coup de sabre fut transporté au café des Ambassadeurs, aux Champs-Élysées.

Devant l'hôtel du Ministère des Affaires étrangères, un homme, signalé à tort ou à raison comme un agent de la police secrète, fut poursuivi de huées et de coups de pierres.

Des gardes municipaux à cheval firent une charge pour le dégager. Un homme reçut un coup de pied de cheval qui lui fit à la tête une large plaie. Devant le ministère avaient lieu des faits plus graves. Les portes en avaient été fermées, on essaya de les enfoncer avec des pinces et des bâtons. Des pierres jetées avec force brisèrent les vitres. Des clameurs partaient de tous les côtés : « *A bas l'homme de Gand ! A bas Guizot!* » criait-on dans la foule. Un garde municipal à cheval voulut sortir pour porter des ordres ; il fut assailli de pierres et forcé de rentrer au plus vite. Des forces imposantes arrivèrent aussitôt, et en quelques minutes l'hôtel des Affaires étrangères fut défendu comme une forteresse. Une ligne de soldats, l'arme au pied, occupa la chaussée du boulevard. Le mur du jardin fut garni d'un cordon de troupes, et une escouade de gardes municipaux à cheval vint se ranger devant la porte. Aucune agression nouvelle n'eut lieu sur ce point.

Cependant presque toutes les boutiques s'étaient fermées sur le boulevard. La foule, loin de diminuer, devenait de plus en plus compacte. A trois heures, une assez vive inquiétude y régnait. On s'entretenait avec anxiété de scènes tumultueuses qui venaient de se passer dans les Champs-Elysées. En effet, vers deux heures et demie, une centaine d'hommes en blouse s'étaient rassemblés dans l'une des allées des Champs-Élysées, près du Cours-la-Reine. Ils n'avaient point d'armes. Ils construisirent, avec des bancs et des chaises, deux barricades. Cette scène avait eu lieu pourtant à cent mètres à peine du détachement de cavalerie rangé devant le pont de la Concorde. Ils allèrent ensuite entourer un poste de six hommes qui se trouve en face du Panorama de la *bataille d'Eylau*. Les soldats, brusquement attaqués, n'eurent que le temps de se réfugier dans le poste en fermant la grille. Un ouvrier passa pardessus cette grille, monta audacieusement le long du mur et se promena sur le toit. D'autres suivirent la même voie et pénétrèrent par l'une des fenêtres du corps de garde. Soit que les soldats n'eussent pas le temps de faire usage de leurs armes, ou qu'ils ne voulussent pas recourir à cette cruelle extrémité, le poste fut occupé par les hommes du peuple, qui essayèrent d'y mettre le feu.

Une scène fort triste avait eu lieu, vers une heure et

demie sur la place de la Bastille. Un homme, ayant été désigné comme un sergent-de-ville déguisé, a été frappé à coups de bâton, et a reçu un coup de couteau dans le côté, à une assez faible distance du corps-de-garde des municipaux, qui ne sont intervenus que quand le malheureux a été abandonné gisant sur le pavé ; il a été relevé et conduit au poste.

A partir de trois heures, de nombreux essais de barricades ont été faits dans les rues de Rivoli et Saint-Honoré et les rues adjacentes. On a d'abord renversé un omnibus rue de Rivoli, presque en face du Ministère des Finances. Bientôt une ligne de pavés avait été soulevée ; on arrêtait une ou deux petites voitures dont on avait fait descendre les locataires, et l'on s'apprêtait à les renverser, lorsqu'une charge de cavalerie a dégagé la barricade. En peu d'instants l'omnibus a été relevé, les soldats ont rétabli le pavé ; mais, dans le même moment, rue Saint-Honoré, à la hauteur de la rue d'Alger, près de la rue du Marché-Saint-Honoré, et sur quelques autres points assez rapprochés, d'autres barricades étaient dressées par le même procédé et bientôt après détruites avec la même facilité. On remarquait, du reste, une sorte de courtoisie de la part des individus qui présidaient à ces opérations, dans la forme des invitations qu'ils adressaient aux personnes qu'il s'agissait de déposséder de leurs véhicules ; c'étaient, le plus souvent, des enfants de douze à quinze ans qui renversaient les voitures et déplaçaient les pavés à l'aide de barres de fer qu'ils s'étaient procurées dans le voisinage.

Dans la rue Basse-du-Rempart, un fait assez curieux s'est produit. Un peloton de gardes municipaux à cheval s'était engagé dans cette rue, y avait fait une charge et l'avait fait évacuer; mais à mesure que les municipaux chassaient les groupes devant eux, de nouveaux groupes descendaient par les escaliers qui conduisent du boulevard dans la rue Basse, et les groupes se reformaient, puis se dissipaient dès que la troupe revenait sur eux, pour revenir aussitôt. On ne comprend pas le but de pareilles violences, tout-à-fait inexplicables dans une rue située au-dessous du sol, et par conséquent inoffensive.

Jusque vers deux heures, les boutiques étaient restées ouvertes au Palais-Royal et dans les quartiers environnants; mais à ce moment un rassemblement de deux ou trois cents individus s'est dirigé, par la rue Saint-Honoré et la rue Vivienne, vers la place de la Bourse, en chantant la *Marseillaise* et l'air des *Girondins*. Une voiture de bois était en déchargement vis-à-vis de la porte d'un boulanger; un grand nombre d'hommes se sont emparés de bûches qu'ils ont portées sur l'épaule. A l'approche de cette troupe, les sentinelles de la Bourse se sont repliées, mais aucune attaque n'a eu lieu contre le monument, et, avant d'arriver au boulevard, la plupart des individus porteurs de bûches, les avaient jetées dans la rue. Cette troupe, dont l'apparition est restée sans effet sur les cours de la Bourse, s'est dirigée, par le boulevard, vers la place de la Bastille.

Quelques magasins d'armuriers ont été forcés pour avoir des armes; mais un pouvoir aussi ombrageux n'en permettait pas de dépôts bien considérables au commerce; quelques fusils et des lames de sabres seulement s'y sont trouvés.

Pendant ce temps où toute la population parisienne était en émoi, les *députés satisfaits* discutaient la prorogation des priviléges de la Banque de Bordeaux, et ne voulaient rien entendre des cris de frayeur d'une ville d'un million d'habitants.

A la fin de la séance, l'Opposition tout entière, par l'organe de M. Odilon-Barrot, a déposé la déclaration suivante :

« Nous proposons de mettre le ministère en accusation comme coupable :

1° D'avoir trahi au dehors l'honneur et les intérêts de la France;

2° D'avoir faussé les principes de la constitution, violé les garanties de la liberté, attenté aux droits des citoyens ;

3° D'avoir, par une corruption systématique, tenté de substituer à la libre expression de l'opinion publique les calculs de l'intérêt privé, et de pervertir ainsi le gouvernement représentatif;

4° D'avoir trafiqué, dans un intérêt ministériel, des fonctions publiques, ainsi que de tous les attributs et priviléges du pouvoir ;

5° D'avoir, dans le même intérêt, ruiné les finances de l'État, et compromis ainsi les forces et la grandeur nationales ;

6° D'avoir violemment dépouillé les citoyens d'un droit inhérent à toute constitution libre, et dont l'exercice leur avait été garanti par la charte, par les lois, par les précédents;

7° D'avoir enfin, par une politique ouvertement contre-révolutionnaire, remis en question toutes les conquètes de nos deux révolutions et jeté dans le pays une perturbation profonde. »

MM.	MM.
Odilon Barrot.	Crémieux.
Duvergier de Hauranne.	Gaultier de Rumilly.
Thiars (de).	Rimbault.
Dupont (de l'Eure).	Boissel.
Isambert.	Beaumont (de la Somme).
Léon de Malleville.	Lesseps.
Garnier-Pagès.	Mauguin.
Chambolle.	Creton.
Bethmont.	Abatucci.
Lherbette.	Luneau.
Pagès (de l'Ariège).	Baron.
Baroche.	Lafayette (Georges).
Havin.	Marie.
Léon Faucher.	Carnot.
Ferdinand de Lasteyrie.	Bureaux de Puzy.
De Courtais.	Dussolier.
Hortensius Saint-Albin.	Mathieu (Saône-et-Loire).

Drouyn de l'Huys.
D'Aragon.
Cambacérès (de).
Drault.
Marquis.
Bigot.
Quinette.
Maichain.
Lefort-Gonssolin.
Tessier de la Motte.

Demarçay.
Berger.
Bonnin.
Jouvencel (de)
Larabit.
Vavin.
Garnon.
Maurat-Ballange.
Taïllandier.

A six heures, pour la première fois de la journée, ie rappel destiné à rassembler la garde nationale a été battu dans les divers quartiers de la capitale ; mais il paraît certain que partout la garde nationale, qu'on appelait si tard, a paru peu empressée de se rendre à l'appel qui lui était fait, et que les gardes nationaux qui se sont mis sous les armes protestaient hautement contre la conduite du gouvernement.

Dans la deuxième légion, qui se compose de 8,000 hommes, 554 seulement se sont rendus à la mairie ; la proportion a été la même dans la première et dans la troisième légion.

Ce soir, à dix heures, des groupes nombreux stationnent toujours près des portes Saint-Denis et Saint-Martin.

Ce soir, vers huit heures, une colonne composée de plus de deux mille personnes, dont quelques-unes, en très-petit nombre, armées de fusils, les autres de piques provenant de la grille de l'Assomption, ou de bâtons au bout desquels ils avaient attaché des couteaux, s'est portée sur le quartier du Marais ; ils ont descendu la rue Saint-Louis en se dirigeant vers la place Royale.

Sur leur chemin, plusieurs des hommes qui faisaient partie de ce rassemblement frappaient aux portes, qu'ils se faisaient ouvrir, et prenaient aux divers étages les armes qu'ils pouvaient trouver. Une partie du groupe est parvenue ainsi à s'armer. Alors le rassemblement s'est engagé dans les diverses rues qui aboutissent à la rue Saint-Louis, et des barricades ont été élevées sur plusieurs points.

Mais les troupes ont été appelées sur ce quartier, qui bientôt a été cerné de tous les côtés. Le rassemblement se trouve ainsi enfermé dans un cercle de fer, sans issue, qui se resserre à chaque instant. Des pièces de canon ont été dirigées sur ce point, les premières barricades ont été attaquées, et il est à craindre qu'il ne se livre dans ces rues étroites une de ces luttes inégales et sanglantes dont nous n'avions pas eu d'exemple depuis les scènes terribles de la rue Transnonain.

Le 23 Février.

Ce matin, à sept heures, le rappel a battu dans divers quartiers de Paris, la garde nationale s'est empressée de se réunir.

Pendant la nuit des canons avaient été amenés de Vincennes et mis en batterie sur la place du Carrousel, sur la place de la Concorde, sur les quais, rue des Coquilles, près l'Hôtel-de-Ville et sur la rue de la Vannerie.

La population avait préparé ses moyens de défense, en élevant presque partout des barricades.

On se préparait à une lutte qui eût été terrible sans l'attitude et l'énergie de la garde nationale. Dès sept heures du matin, la foule s'est portée aux Champs-Élysées; à neuf heures, des rassemblements se sont formés sur les boulevards Bonne-Nouvelle, Saint-Denis, du Temple, dans les rues Saint-Denis, du Petit-Carreau, Poissonnière. D'autres rassemblements sont partis du Panthéon, se dirigeant vers la rue Saint-Martin; les postes de la rue Geoffroy-Langevin, de la rue Sainte-Croix de la Bretonnerie, furent bientôt pris par le peuple, qui s'empara des armes qui s'y trouvaient; alors la lutte s'engagea; les troupes firent plusieurs décharges; le peuple y répondit des barricades, et le combat dura malheureusement pendant une partie de la journée.

Mais dans plusieurs légions les gardes nationaux s'étaient réunis, et, nous sommes heureux de le dire, l'attitude noble et patriotique des gardes nationales devait, comme nous l'avions prévu , sinon empêcher toute effusion du sang, du moins prévenir les plus grands malheurs.

La deuxième légion s'était réunie en assez grand nombre ; elle a répondu aux paroles de son colonel que si elle voulait coopérer au rétablissement de l'ordre, elle entendait surtout exprimer les véritables sentiments de la population de la capitale et protester énergiquement contre le système du ministère et réclamer la réforme électorale. Les dispositions de la deuxième légion sont devenues tellement évidentes que le lieutenant-colonel, M. Baignères, s'est rendu à deux heures auprès du duc de Nemours, et lui a dit en termes fort énergiques que si les concessions demandées par l'opinion publique n'étaient pas faites, il lui était impossible de répondre de l'esprit de sa légion.

La troisième légion s'est réunie de bonne heure en assez grand nombre sur la place des Petits-Pères, où est située la mairie du troisième arrondissement. Dès que de nouveaux pelotons arrivaient, des cris de *Vive la réforme ! A bas les ministres !* se faisaient entendre. A onze heures, un groupe nombreux, mais inoffensif, s'était formé sur la place des Petits-Pères ; un peloton de garde municipale chargeait au pas de course dans la rue des Petits-Pères et allait déboucher sur la place, quand un officier de la garde nationale, M. Degousée, s'interposa entre le peuple et la compagnie de garde municipale pour empêcher l'effusion du sang. Il écarta les baïonnettes au péril de ses jours ; les gardes municipaux, par suite de l'excitation qui leur avait été imprimée, ne voulaient rien entendre. Deux gardes municipaux croisèrent la baïonnette sur la poitrine de M. Degousée ; ce fut alors que des officiers et un certain nombre de gardes nationaux vinrent au secours de leur collègue et parvinrent à le dégager. Leurs exhortations furent entendues. L'officier de la garde municipale fit rentrer ses hommes dans leur caserne. Vers midi, le colonel de la troisième, M. Besson, pair de France, ne pouvant plus douter de l'esprit qui animait la grande majorité de la légion, se rendit à l'état-major, auprès de M. le général Jacqueminot, et lui communiqua les impressions de la garde nationale. Il revint bientôt et annonça que le général en chef lui avait promis de se faire l'interprète de la troisième légion auprès du roi.

A deux heures et demie, un général d'état-major de la garde nationale, M. Friant, arriva sur la place des Petits-Pères et annonça officiellement que le ministère venait de donner sa démission. Des patrouilles de la troisième légion parcouraient pendant ce temps toute la circonscription du troisième arrondissement ; des groupes nombreux se joignirent à ces détachements et les accompagnèrent en criant avec les gardes nationaux : *A bas les ministres ! Vive la réforme !* On dit que la troisième va passer la nuit sur la place des Petits-Pères, et qu'elle exigera demain la réalisation des promesses qui lui ont été faites aujourd'hui au nom du pouvoir par le général Friant.

A onze heures, deux compagnies de la ligne, qui venaient d'enlever une barricade au coin de la rue de Cléry et de la rue Poissonnière, débouchaient au pas de course de la rue de Mulhouse dans la rue des Jeûneurs, se précipitant, la baïonnette au bout du fusil, sur des groupes inoffensifs. Un homme venait d'être renversé sur le pavé et foulé aux pieds. M. Perrée, capitaine de la deuxième légion, s'est avancé au-devant du capitaine, l'a supplié d'arrêter sa compagnie, de lui faire remettre l'arme au bras, de marcher au pas ordinaire pour donner aux groupes le temps de se retirer et éviter des violences inutiles et profondément regrettables. L'officier s'est rendu à ses observations, et la compagnie a continué tranquillement sa route.

La quatrième légion s'était réunie dès le matin. Vers trois heures et demie, quatre à cinq cents hommes, sans armes, parmi lesquels vingt-cinq officiers, se sont présentés chez M. Crémieux, accompagnés d'une foule immense et dans le plus grand calme. M. Crémieux était à la Chambre : les gardes nationaux s'y sont rendus ; mais, arrêtés sur le pont de la Concorde par un détachement de la dixième légion, ils ont envoyé un délégué en habit bourgeois, M. Haguette, auprès de M. Crémieux, pour lui remettre des pétitions... MM. Crémieux, Marie et Beaumont (de la Somme) se sont immédiatement rendus sur le pont et se sont placés au milieu d'un cercle formé par la députation de la quatrième légion. M. Crémieux leur a parlé en ces termes :

« Messieurs et chers concitoyens, ce matin, quand une nombreuse députation de la quatrième légion m'a fait l'honneur de venir me demander conseil sur la conduite que les gardes nationaux devaient tenir, je lui ai dit : *Protecteurs de l'ordre public et de la liberté*, allez en masse, *sans fusils*, sur tous les points où des collisions éclatent ; mettez un terme à l'effusion du sang de vos frères, citoyens ou soldats, car les soldats sont vos frères comme le peuple. (Longues acclamations.) Vous étiez frappés de la crainte que votre concours ne semblât un acquiescement à une détestable politique, je vous ai conseillé d'adresser une pétition à la Chambre, dans laquelle vous feriez connaître votre opinion comme citoyens, en même temps que vous marcheriez comme gardes nationaux. Ces pétitions, je suis venu les recevoir avec mes amis, M. Marie, votre bon et loyal député, et M. Beaumont (de la Somme), dont le patriotisme vous est si connu. (Les cris de *vive Marie!* et *vive Beaumont!* interrompent l'orateur.) Nous allons déposer vos pétitions sur la tribune, et maintenant allez où des collisions s'élèvent, rétablissez l'ordre et la paix ; le ministère est frappé de mort, la garde nationale a prononcé son arrêt. »

Des acclamations unanimes ont accueilli ces paroles. M. Marie a engagé les gardes nationaux à se retirer en ordre, ce qui a été immédiatement exécuté. Les gardes nationaux de la quatrième légion ont déclaré que, s'ils étaient prêts à maintenir l'ordre, ils n'entendaient aucunement se constituer les soutiens d'un ministère corrupteur et corrompu que la France tout entière repousse avec indignation.

La 5ᵉ légion était réunie depuis le matin. A quatre heures et demie, elle fut informée qu'une lutte assez vive était engagée dans la rue du Faubourg-Saint-Martin entre un attroupement assez nombreux et les gardes municipaux casernés dans cette rue. Le 2ᵉ bataillon se porta aussitôt sur ce point pour arrêter la collision ; les officiers de la garde nationale s'avancèrent aussi, s'adressèrent aux officiers de la garde municipale et les engagèrent à cesser une lutte devenue inutile. Ils furent assez heureux pour être compris ; les officiers des deux corps fraternisèrent, et bientôt, en signe d'alliance, les gardes municipaux rentrèrent dans leur caserne, détachèrent le drapeau qui flotte au-dessus de leur poste et le remirent aux officiers de la garde nationale.

La 7ᵉ légion s'est rassemblée de bonne heure et elle n'a pas peu contribué à ramener le calme dans le quartier Sainte-Croix-de-la-Bretonnerie, qui semblait destiné, par les dispositions prises de part et d'autre, à devenir le théâtre de la lutte la plus sanglante. Nous devons ajouter que la 7ᵉ légion, tout en protestant de son dévouement à l'ordre, a hautement manifesté ses sentiments de réprobation contre le ministère Guizot.

Ce soir à sept heures et demie, la lutte était encore engagée entre le peuple et cent cinquante gardes municipaux, rue Bourg-l'Abbé, au coin de la rue Neuve-Bourg-l'Abbé. La garde nationale est arrivée sur le lieu du combat ; elle acerné les cent cinquante gardes municipaux, qui se sont rendus et lui ont remis leurs armes. On dit que dans cette lutte deux hommes du peuple ont été tués et plusieurs blessés.

Dans la 10ᵉ légion, un fait bien significatif s'est produit : A sept heures le rappel a été battu dans la circonscription de la légion ; peu de gardes nationaux paraissaient disposés à répondre à cet appel ; plusieurs citoyens dévoués accompagnèrent les tambours, se rendirent au domicile des membres de la garde nationale, et les engagèrent à prendre les armes. On parvint ainsi à réunir un ou deux bataillons.

Le colonel de la légion, M. Lemercier, se présenta alors et engagea la légion à marcher pour rétablir l'ordre. Un garde national, M. B...., sortit alors des rangs et répondit au colonel qu'il paraissait se tromper étrangement sur les sentiments de la 10ᵉ légion, qu'elle ne demandait pas mieux que de coopérer au rétablissement de l'ordre, mais qu'avant tout elle exigeait la réforme électorale et le renvoi d'un ministère profondément antipathique aux sentiments du pays ; qu'elle était donc réunie pour crier : *A bas les ministres !* et *Vive la réforme !*

Aussitôt le bataillon tout entier proféra d'une voix unanime les cris de : *Vive la réforme ! A bas Guizot !*

M. le colonel Lemercier descendit alors de cheval et voulut adresser quelques mots aux gardes nationaux ; mais il ne lui fut répondu que par des cris de : *Vive la réforme !*

A ce moment, un homme en bourgeois qui se trouvait auprès du colonel se mit à crier : *Vive la réforme !* Le colonel Lemercier lui mit la main sur le collet pour l'arrêter ; mais les gardes nationaux s'écrièrent que cet homme n'exprimait que des sentiments qui étaient les leurs, et qu'ils ne l'arrêteraient pas.

M. Lemercier alors ne trouva rien de mieux à faire que de remonter à cheval et de s'éloigner.

Tels sont les faits que nous avons pu recueillir ; nous les publions comme certains : nous avons été témoins de plusieurs des scènes que nous avons rapportées.

A quatre heures, le bruit de la démission du ministère

a été apporté sur les divers points de la capitale. La lutte a cessé aussitôt ; les troupes qui stationnaient dans presque toutes les rues et sur toutes les places ont disparu comme par enchantement, et à cinq heures et demie on circulait librement dans toutes les rues de la capitale ; la population semblait heureuse.

On s'abordait pour s'annoncer l'heureux dénoûment de la lutte, la chute d'un ministère rétrograde. A la bourse, les joueurs, qui ne passent pas pour d'excellents patriotes, ont, sur cette nouvelle, fait une hausse de 40 centimes sur la rente.

Huit heures du soir. Paris est dans l'allégresse. Sur les boulevards et dans toutes les rues l'illumination est générale ; les citoyens s'abordent pour annoncer la bonne nouvelle : la chute du ministère Guizot.

Neuf heures. — Une démonstration vient d'être faite sur la place Vendôme, sous les fenêtres de M. Hébert, ministre de la justice. Un rassemblement composé de plus de huit mille personnes s'est porté au ministère de la justice, où il s'est borné à proférer les cris de : *A bas Hébert, à bas l'inventeur de la complicité morale !*

Dix heures. — Un grand malheur vient d'arriver. Ce soir à dix heures, dix heures un quart, un rassemblement s'est porté au Ministère des Affaires étrangères ; là ce rassemblement a été reçu par une décharge faite à bout portant ; plus de quarante personnes, parmi lesquelles se trouvent, dit-on, des femmes et des enfants, et un officier de la garde nationale, sont tombées sur le boulevard, et à l'heure où nous écrivons, leurs cadavres gisent encore sur la chaussée.

A cette triste nouvelle, l'exaspération du public est devenue extrême, les cris de *Vengeance!* retentissent de toutes parts ; sur toute la ligne des boulevards des barricades ont été aussitôt formées, des boutiques ont été enfoncées pour se procurer des armes ; les troupes renvoyées à leurs casernes rentrent de toutes parts ; la garde nationale se réunit ici spontanément, ailleurs au bruit du tambour ; un grand nombre d'officiers cherchent à se concerter : personne ne sait plus ni ce qui se passera dans la nuit ni où en seront demain les affaires de la France.

Après avoir énoncé les événements de la journée, nous présentons maintenant le récit de la séance de la Chambre des députés, pendant cette même journée du 23, où l'Opposition persévère dans son œuvre de dévouement à la patrie, le ministère et la majorité gagée dans leur aveuglement.

Chambre des Députés.

Présidence de M. SAUZET. — Séance du 23 février.

A une heure et demie, le procès-verbal est adopté.

La séance reste suspendue jusqu'à trois heures.

Pendant cette suspension, les bancs se garnissent d'un grand nombre de membres, parmi lesquels règne la plus vive agitation.

M. Vavin, de sa place. Monsieur le président, je demande la parole. (Mouvement.)

Quelques membres. Attendez ! attendez !

L'honorable membre est appelé auprès de M. le président, avec lequel il va s'entretenir pendant quelques instants. Il retourne ensuite à son banc, et, après avoir pris l'avis de plusieurs de ses collègues, il monte à la tribune.

M. Vavin, à la tribune. Comme député de la Seine, au nom de mes collègues, j'ai un devoir à remplir, celui d'adresser quelques interpellations à MM. les ministres, et notamment à M. le ministre de l'intérieur.

Quelques membres. Il n'y est pas.

M. *Vavin.* Son absence me force à ajourner de quelques minutes seulement les interpellations que j'avais annoncé devoir faire; si cependant la chambre le désirait, je m'expliquerais immédiatement...

Voix nombreuses. Non ! non !

M. *Hébert,* ministre de la justice. Mes honorables collègues **M.** le président du conseil et M. le ministre de l'intérieur sont appelés en ce moment hors de cette enceinte par des soins que la situation explique et requiert. Ils ont été prévenus à l'instant même de l'intention de l'honorable membre, et je pense que la chambre ne se refusera pas à les attendre quelques instants.

De toutes parts. Attendons! attendons!

La séance est de nouveau suspendue.

Le bruit se répand qu'une masse considérable, ayant des gardes nationaux en tête, se dirige vers la chambre par le quai des Tuileries. Les bancs se dégarnissent rapidement.

M. *Vavin.* Je demande à la chambre la permission d'adresser, au nom de la députation de la Seine notamment, quelques interpellations au ministère.

Depuis vingt-quatre heures, des troubles graves désolent la capitale.

Hier, la population a remarqué avec un douloureux étonnement l'absence de la garde nationale.

Cet étonnement était d'autant plus vif et d'autant plus pénible, que l'ordre de la convoquer avait été donné lundi matin.

Serait-il donc vrai que dans la nuit du lundi au mardi cet ordre de réunir la garde nationale aurait été rapporté? Ce n'est qu'hier à cinq heures que le rappel a été battu dans quelques quartiers pour réunir quelques gardes nationaux.

Toute la journée, la population de Paris a été livrée aux périls qui l'entouraient. Des collisions fâcheuses ont eu lieu; nous n'aurions peut-être pas à les déplorer si, dès le commencement des troubles, on avait vu dans les rues, sur nos places, cette garde nationale dont la devise est l'Ordre et la Liberté.

Sur un fait aussi grave, aussi malheureux, je prie MM. les ministres de donner quelques explications.

M. *Guizot,* président du conseil. Je crois qu'il ne serait ni conforme à l'intérêt public, ni à propos pour la chambre d'entrer en ce moment dans aucun débat sur les interpellations que vient de nous adresser l'honorable préopinant.

Le roi fait appeler en ce moment M. le comte Molé..... (Longue interruption. — Des applaudissements éclatent dans les tribunes publiques).

M. le Président. Je recommande le silence le plus complet.

M. Odilon Barrot. Silence! Pour la dignité de la chambre, silence.

M. Guizot. L'interruption qui vient de s'élever ne me fera rien ajouter ni rien retrancher de mes paroles.

Le roi fait appeler en ce moment M. le comte Molé pour le charger de former un nouveau cabinet.

Tant que le cabinet actuel sera chargé des affaires, il maintiendra et rétablira l'ordre, et fera respecter les lois selon sa conscience comme il l'a fait jusqu'à présent.

(Quelques membres de la majorité félicitent M. Guizot; d'autres l'interpellent, et paraitraient même le menacer. M. Guizot s'explique par des gestes plutôt que par la parole.)

M. le Président. Avant de lever la séance, j'ai à parler à la chambre de son ordre du jour... (Interruption.) Les membres qui ont déposé hier des propositions demandent qu'elles ne soient pas renvoyées aux bureaux...

Voix au centre. Pourquoi? Si ! si !

M. de Salvandy, ministre de l'instruction publique. Je demande à la chambre le maintien de son ordre du jour.

Voix au centre. Oui ! oui !

M. Crémieux, montant à la tribune. Je viens déposer des pétitions signées par un grand nombre de citoyens de Paris... (Vives rumeurs au centre). Ce sont des pétitions sur la réforme.

M. le Président. On m'a demandé de maintenir à l'ordre du jour les propositions qui devaient être examinées demain par les bureaux.

Voix au centre. Oui ! oui !

M. Odilon Barrot, de sa place. J'avais cru que la conséquence naturelle, inévitable, de la réserve que M. le président du conseil montrait tout à l'heure en répondant aux interpellations qui lui ont été adressées, j'avais cru, dis-je, que la conséquence naturelle, inévitable de cette réserve, à raison de la gravité des circonstances et de la situation spéciale du cabinet, était l'ajournement indéfini de la discussion sur la proposition que j'ai déposée hier sur le bureau. (Adhésion à gauche.)

M'en rapportant à M. le président, je lui avais déclaré que ce que je lui disais à cet égard était parfaitement subordonné aux convenances de la chambre ; je n'ai donc plus rien à faire, je n'ai qu'à me soumettre à ce que la majorité décidera.

M. Dupin, de sa place. Le premier besoin de la cité est le rétablissement de la paix publique, la cessation des troubles. L'anarchie est le pire des états ; c'est la perdition de toutes les sociétés ; elle menace l'ordre social tout entier.

La seule question à l'ordre du jour est donc le rétablissement de la paix publique pour raffermir la libre et régulière action de tous les grands pouvoirs de l'État.

Je dois estimer assez tous mes collègues et me fier assez à leur patriotisme, quand il s'agit, non pas de dissidence d'opinion, mais d'un grand devoir, pour être convaincu que tout le monde s'emploiera au rétablissement de la paix publique, l'opposition autant que la majorité ..

Plusieurs membres. Tout le monde ! tout le monde !

M. Dupin. Je ne parle en ce moment, malgré l'épuisement de mes forces par la maladie, que pour faire entendre quelques mots dans le sens du véritable esprit de la révolution de juillet. Nous avons trop oublié que la révolution de juillet s'est faite pour la conservation des lois, qu'elle s'est faite pour l'ordre public en même temps que pour la liberté. Eh bien! l'ordre public et la liberté ont été maintenus, ont été fondés par l'accord des chambres avec le vœu du pays et avec le concours de la garde nationale.

Elle n'a pas plus manqué à ses devoirs que nous autres ; elle n'y manquera pas davantage aujourd'hui.

Quant à nous, nous n'avons jamais dédaigné ce titre de représentants du peuple, qui est le nôtre, car nous avons toujours défendu ses véritables intérêts.

L'action des chambres, d'accord avec le pouvoir royal, avec le pouvoir central, est de travailler, je le répète, de travailler au rétablissement de la paix publique : oui, avant le rétablissement de la paix publique, la cessation des attroupements! Il faut que le peuple sache qu'il n'a pas le droit de délibérer, qu'il n'a pas le droit de commander, qu'il n'a qu'à attendre l'exécution des lois, les délibérations des grands corps de l'État et les mesures qui sont jugées nécessaires par les chambres. (Bruit à gauche.)

Eh bien! dans cette situation, ne devons-nous pas faire cesser des délibérations irritantes, des discussions qui, quel qu'en soit le résultat, iraient certainement contre le but que vous devez vous proposer, et qui est le rétablissement de la paix publique?

J'appuie l'ajournement; j'insiste sur ce point qu'il n'y a ici qu'un besoin, le rétablissement de la paix publique.

M. Guizot. Je disais tout à l'heure que tant que le cabinet aurait l'honneur de rester chargé des affaires, il maintiendrait ou rétablirait l'ordre et ferait respecter les lois.

Le cabinet ne voit pour son compte aucune raison à ce qu'aucun des travaux de la chambre soit interrompu, à ce qu'aucune des questions qui avaient été élevées ne reçoive pas sa solution.

La couronne exerce sa prérogative. La prérogative de la couronne doit être pleinement respectée; mais, tant que le cabinet reste aux affaires, tant qu'il est assis sur ces bancs, rien ne doit être suspendu, rien ne doit être interrompu dans les travaux ou dans les délibérations des grands pouvoirs publics.

Le cabinet est prêt à répondre à toutes les questions, à entrer dans tous les débats; c'est à la chambre à décider.

M. Dupin. C'est un langage digne et pleinement conforme à la gravité des circonstances que celui de M. le président du conseil; mais en même temps que le ministère ne s'oppose pas à ce que la chambre s'occupe de telle ou telle question, la chambre a aussi à interroger la question d'opportunité.

Eh bien! c'est dans la situation où le ministère continue d'être momentanément chargé de grands devoirs, où M. le président du conseil déclare qu'il les remplira, et je le crois... Eh bien! c'est dans cette situation que vous voulez le mettre en accusation et le distraire des soins du salut public en le forçant de s'occuper des soins de son propre salut. (A gauche : Très bien! très bien!) Je persiste à demander l'ajournement.

M. de Peyramont se lève. Je n'ai qu'un mot à dire : Je demanderai à M. Dupin pourquoi il n'a pas adressé hier à l'opposition l'invitation qu'il adresse aujourd'hui à la chambre.

Un grand nombre de membres. Aux voix! aux voix!

La chambre, consultée, décide qu'elle maintient à l'ordre du jour des bureaux de demain l'examen des propositions déposées hier.

La séance est levée au milieu de la plus vive agitation.

A la chambre des pairs, la demande d'interpellations faites successivement par MM. d'Alton-Shée et de Boissy est refusée avec dédain.

Le 24 Février.

Les événements marchent vite.

Hier, à trois heures, le roi faisait appeler M. Molé pour le charger de la formation d'un nouveau cabinet.

A neuf heures du soir, toutes les maisons étaient illu‑minées à tous les étages.

La satisfaction paraissait vive, sincère et générale.

C'est à cette heure, environ, que, par un accident marqué au coin de la destinée qui décide du sort des empires, le poste d'infanterie qui défendait le Ministère des Affaires étrangères a fait feu et a tué ou blessé soixante personnes.

De toutes parts alors s'est élevé ce cri : *Nous sommes trahis ! Aux armes !*

La satisfaction a fait place à l'indignation.

Des tués et des blessés ont été transportés aux bureaux du *National,* rue Lepelletier ; d'autres ont été portés à la clarté des torches jusqu'à la place de la Bastille, où ils sont demeurés exposés.

De ce moment, il a été facile de prévoir l'issue de cette troisième journée.

A cinq heures du matin, la première combinaison mi‑nistérielle avait été abandonnée et était remplacée par une autre combinaison, à la tête de laquelle étaient MM. Thiers,

Odilon Barrot, Duvergier de Hauranne, de Rémusat et le général Lamoricière.

Le *Moniteur universel* publiait les deux ordonnances suivantes :

« Louis-Philippe, roi des Français,

« A tous présents et à venir, salut,

« Nous avons ordonné et ordonnons ce qui suit :

« Art. 1er. Le maréchal duc d'Isly est nommé comman-
« dant supérieur des gardes nationales du département de
« la Seine, en remplacement du général Jacqueminot,
« dont la démission est acceptée.

« Art. 2. Notre ministre secrétaire d'État au départe-
« ment de l'intérieur est chargé de l'exécution de la pré-
« sente ordonnance.

« Fait aux Tuileries, le 23 février 1848.

« LOUIS-PHILIPPE,

« Par le roi :

« *Le ministre secrétaire d'Etat au département de*
« *l'intérieur,*

« Duchatel. »

« Louis-Philippe, roi des Français,

« A tous présents et à venir, salut.

« Nous avons ordonné et ordonnons ce qui suit :

« Art. 1er. Le maréchal duc d'Isly est nommé comman-
« dant en chef des troupes de ligne dans la première divi-
« sion militaire.

« Art. 2. Notre ministre secrétaire d'État au départe-

« ment de la guerre est chargé de l'exécution de la pré-
« sente ordonnance.

« Fait aux Tuileries, le 23 février 1848.

« LOUIS-PHILIPPE,

« Par le roi :

« *Le ministre secrétaire d'Etat au département de la*
« *guerre,*

« TRÉZEL. »

A huit heures du matin, MM. Thiers, Odilon Barrot, Duvergier de Hauranne et de Rémusat étaient aux Tuileries.

Ils y dictaient la proclamation qu'on trouvera plus loin.

Cette proclamation, imprimée en toute hâte aux imprimeries de la *Presse* et du *Constitutionnel*, était déjà tardive.

A peine affichée, elle était déchirée.

C'est alors que M. Émile de Girardin retourna en toute hâte aux Tuileries, avec une autre proclamation ainsi conçue :

Abdication du roi.

Régence de Mme la duchesse d'Orléans.

Dissolution de la chambre.

Amnistie générale.

MM. Thiers et de Rémusat étaient présents.

Sur la déclaration de M. Émile de Girardin, qu'il n'y avait pas une minute à perdre, que toute minute perdue aggravait le danger et, sur les instances de M. le duc de Montpensier, la proclamation préparée fut immédiatement acceptée par le roi.

Il était encore trop tard !

Ce fut en vain que M. de Girardin, porteur de l'abdication, courut en toute hàte au-devant de la population armée qui s'avançait sur les Tuileries.

Il lui fut impossible de faire cesser le feu opiniâtre engagé des deux parts entre le poste du Château-d'Eau et les hommes armés qui occupaient la cour du Palais-Royal.

C'est là qu'a été légèrement blessé M. le général de Lamoricière, à qui il fut également impossible de se faire entendre.

Une heure après, toute la famille royale avait quitté le palais des Tuileries.

Mme la duchesse d'Orléans, accompagnée du comte de Paris et du duc de Chartres, du duc de Nemours et du duc de Montpensier, se rendait à la chambre des députés.

Courage inutile !

Le palais de la chambre ayant été envahi, Mme la duchesse d'Orléans n'eut plus qu'à se retirer et qu'à s'éloigner.

Heureusement une petite voiture se trouvait dans la cour du président de la chambre.

C'est dans cette voiture que Mme la duchesse d'Orléans est partie avec M. le comte de Paris, mais séparée de son second fils le duc de Chartres.

Voici ce qui s'est passé à la chambre des députés :

Mme la duchesse d'Orléans, accompagnée de ses deux fils, a paru dans l'hémicycle de la chambre.

M. Dupin est monté à la tribune, pour proclamer qu'en vertu de l'abdication et des derniers actes du roi, le comte de Paris était nommé roi, avec la régence de Mme la duchesse d'Orléans.

Cette proclamation a été accueillie par les applaudissements des députés du centre, le silence des côtés gauche
et droit de l'assemblée, les cris de violente désapprobation
des tribunes.

M. Odilon Barrot a fait une déclaration analogue à celle
de M. Dupin. Les mêmes signes se sont renouvelés.

Tout-à-coup, au milieu de l'agitation, des hommes du
peuple, des élèves de l'Ecole polytechnique, des gardes
nationaux ont paru avec des drapeaux. Cette multitude
s'est amassée dans l'hémicycle. Mme la duchesse d'Orléans
et ses enfants ont dû chercher un refuge dans les bancs
élevés du centre gauche, où les gardes nationaux les ont
entourés pour les protéger contre la pression de la foule.

C'est à ce moment que la séance a commencé.

MM. Crémieux, Lamartine, Ledru-Rollin, Genoude,
Larochejacquelin, ont déclaré que, dans les circonstances
actuelles, il ne fallait pas préjuger les destinées de la
France. « Il nous faut un gouvernement provisoire, pour
consulter la nation sur le régime définitif qu'il lui convient d'adopter. »

L'assemblée hésitait, emportée cependant par la justice
de la proposition qui lui était faite, lorsqu'une nouvelle
multitude de combattants a envahi les tribunes et les
couloirs, proclamant : *Vive la république ! on nous trahit encore !*

Les députés du centre ont disparu.

Mme la duchesse d'Orléans et ses enfants ont été entraî-
nés hors de l'enceinte par quelques amis restés fidèles.

La chambre a été abandonnée au peuple.

Il n'y avait plus que M. Dupont (de l'Eure) au fauteuil de la présidence, où il avait remplacé M. Sauzet.

M. Ledru-Rollin était à la tribune avec quelques combattants.

Une liste de membres du gouvernement provisoire a été adoptée ; mais l'adoption définitive de cette liste a été remise à une assemblée tenue à l'Hôtel-de-Ville.

Le chambre des pairs s'est réunie aujourd'hui sous la présidence de M. le chancelier Pasquier. L'abdication du roi a été annoncée, et avis a été donné à la chambre que la famille royale allait se rendre dans son sein.

Après deux heures d'attente vaine, la chambre s'est séparée.

De ce moment la royauté est déchue.

Il est indispensable de présenter la dernière séance de la chambre des députés, c'est l'introduction d'un nouveau pouvoir.

Séance de la Chambre des Députés.

(Extrait du Journal LA PATRIE.*)*

A une heure et demie, 300 députés environ étaient réunis en séance au palais de la chambre.

On annonce une députation des combattants et une députation de la garde nationale.

On annonce officiellement que le roi a signé son abdication et qu'il a quitté Paris.

A une heure un quart, M. Lacrosse, député, secrétaire de la chambre, arrive à cheval et annonce que Madame la duchesse d'Orléans, suivie de ses deux enfants, se rend à la chambre ; on aperçoit sur le pont de la Révolution la duchesse à pied, suivie d'une foule immense de gardes nationaux.

Elle est introduite dans l'intérieur de la chambre.

On place aussitôt aux pieds de la tribune, à la place réservée ordinairement aux huissiers, trois fauteuils ; la duchesse y prend place avec ses deux enfants; elle est entourée d'une foule de généraux et d'aides de camp en grand costume; nous remarquons devant la duchesse M. le duc de Nemours en uniforme de lieutenant général.

En même temps, les deux couloirs de la chambre sont envahis par une foule énorme de gardes nationaux et de combattants.

M. DUPIN monte à la tribune.

Il annonce que le roi a quitté Paris.

UNE VOIX DES TRIBUNES. Il est trop tard, monsieur.

M. DUPIN, reprenant, dit que le roi a signé un acte d'abdication en faveur de son petit-fils, M. le comte de Paris, ce qui établit une transmission légitime de la couronne, avec la régence de la Mère, madame la duchesse d'Orléans.

M. MARIE monte à la tribune.

Le bruit augmente, l'hémicycle est envahi par les citoyens qui étaient restés jusque-là dans les couloirs. La foule devient à chaque instant de plus en plus grande; des députés prennent les jeunes princes dans leurs bras et les élèvent au-dessus de la foule; M. le duc de Nemours s'efforce de refouler les assistants; enfin on fait monter Madame la duchesse d'Orléans et ses enfants sur les bancs réservés à MM. les députés, au centre, sous l'horloge qui fait face au président; elle s'assied sur un banc entre ses deux enfants, M. le duc de Nemours à sa gauche, et entourée des officiers et des aides de camp qui l'ont accompagnée; les gardes nationaux se postent sous l'horloge.

Le silence se rétablit.

M. MARIE dit que, quelque touchante que soit la scène à laquelle la chambre vient d'assister, il ne peut oublier les droits du peuple, qu'il faut nécessairement nommer un gouvernement provisoire.

M. CRÉMIEUX monte à la tribune et développe l'idée exprimée déjà par M. Marie; il demande la constitution immédiate d'un gouvernement provisoire assez fort pour rassurer le peuple et lui donner la garantie que ses droits seront reconnus. Ce discours est vivement applaudi dans une partie de la chambre et dans les tribunes.

M. ODILON-BARROT arrive en ce moment, il monte à la tribune, et il dit que jamais la France n'a eu plus besoin de toutes ses forces et de tout son courage; il fait un appel énergique à la générosité de la nation française, et il annonce qu'un gouvernement dont il fera partie va être formé, et qu'un appel sera fait au pays.

M. DE LAROCHEJACQUELIN demande la parole.

M. ODILON-BARROT demande si par hasard on voudrait évoquer des souvenirs dont la révolution de juillet a fait justice.

M. DE LA ROCHEJACQUELIN se précipite à la tribune; il s'écrie : Je ne suis plus rien, vous n'êtes plus rien...

En ce moment, un flot populaire entre par toutes les issues de la chambre; des ouvriers, des officiers portent et agitent des drapeaux tricolores et viennent se placer sur les marches de la tribune

Un citoyen se précipite sur le bureau du président et s'élance de là à la tribune, que M. de la Rochejacquelin quitte à l'instant; nous croyons seulement comprendre qu'il réclame la constitution immédiate d'un gouvernement provisoire.

M. le général Oudinot s'élance à la tribune et prononce au milieu du bruit des paroles que nous ne pouvons entendre.

La tribune est successivement et simultanément occupée par des officiers de garde nationale et des citoyens qui agitent des drapeaux et prononcent des mots que personne, au milieu du bruit, ne peut saisir.

M. Ledru-Rollin monte à la tribune. Le bruit l'empêche de parler.

Madame la duchesse d'Orléans se lève et semble vouloir parler; M. le duc de Nemours cherche à la faire asseoir; un garde national a ramassé un papier sur lequel étaient écrits les mots que voulait prononcer Madame la duchesse d'Orléans; ils étaient conçus à peu près en ces termes, autant que nos souvenirs peuvent nous les rappeler :

« Messieurs, ce n'est pas de la chambre, c'est du pays que doivent émaner les pouvoirs de mon fils orphelin; ce n'est pas autre chose que moi, une pauvre veuve, je venais vous demander. »

Après un quart d'heure le silence se rétablit.

M. LEDRU-ROLLIN peut enfin prendre la parole; il dit que la chambre n'a pas le pouvoir d'accepter une régence; que c'est au peuple seul qu'il faut en appeler.

Un citoyen, assis sur les bancs du centre, nous semble protester contre les paroles de M. Ledru-Rollin; aussitôt un homme armé d'un sabre monte les gradins de la chambre, s'approche de l'orateur et le menace de son arme. On parvient à s'interposer entre lui et l'interrupteur malencontreux.

M. LEDRU-ROLLIN continue son discours et termine en demandant la constitution d'un gouvernement provisoire qui fera un appel aux sentiments du pays.

M. LAMARTINE succède à M. Ledru-Rollin :

Messieurs, dit-il, nous venons d'assister à un touchant spectacle; nous avons vu ici, aux pieds de la chambre, une auguste princesse et ses deux fils... mais un tel spectacle ne peut nous faire oublier les droits sacrés du peuple; il lui faut un gouvernement provisoire fort, populaire, puissant.

En ce moment on entend frapper avec des crosses de fusil aux portes des tribunes publiques; la porte est enfoncée, des combattants se précipitent dans les tribunes; ils sont armés les uns de sabres, les autres de fusils, les autres encore de piques; un cri se fait entendre : on dit que le président est mis en joue, mais qu'aussitôt le fusil est relevé par un des citoyens entrés dans la tribune.

M. Sauzet quitte précipitamment le fauteuil. Les députés sortent à la hâte; des citoyens se précipitent par les couloirs d'entrée.

Un tumulte a lieu autour des bancs où siègent Madame la duchesse d'Orléans et ses fils.

La duchesse est emmenée.

La garde nationale qui stationne dans la salle d'entrée avant celle des séances se forme en haie; on emporte la duchesse presque évanouie; elle est suivie de ses enfants, que deux personnes portent dans leurs bras; M. le duc de Nemours les suit; on lui fait remarquer les dangers que son uniforme peut lui faire courir. On lui fait ôter son costume, et une personne qui se trouve auprès de lui lui donne sa redingote. M. le duc de Nemours s'en revêt, et nous l'entendons se préoccuper du sort des enfants de la duchesse.

On lui répond que les enfants sont en sûreté, et on l'engage à se retirer le plus tôt possible. On lui ouvre une fenêtre et il se jette dans le jardin de la chambre.

Le tumulte est à son comble.

Presque tous les députés sont partis; la salle est occupée par le peuple et la garde nationale.

M. LEDRU-ROLLIN. Nous sommes obligés de lever la séance pour nous rendre au siége du gouvernement.

De toutes parts : A l'Hôtel-de-Ville ! vive la République !

Il est quatre heures. La foule sort en tumulte.

De grands événements ont eu lieu aujourd'hui. Après le récit des actes, nous exposons les faits qui nous sont parvenus.

Dans la nuit, des barricades avaient été élevées sur tout le parcours des boulevards et dans les rues qui y aboutissent ; vers sept heures du matin, un feu de peloton se fit entendre à la hauteur du faubourg Montmartre, sur le boulevard ; on nous a dit qu'il était fait par plusieurs détachements des chasseurs d'Orléans.

A ce bruit de nouvelles barricades s'élevèrent comme par enchantement ; les rues furent dépavées, de nouveaux obstacles composés uniquement de tas de pavés hauts de deux mètres environ furent élevés à l'angle de toutes les rues.

D'immenses préparatifs d'attaque et de résistance avaient été faits pendant toute la nuit.

A six heures, à la pointe du jour, Paris a présenté un spectacle formidable. Toutes les rues sont barrées par des b rricades énormes, construites de pavés, de voitures, depuis le boulevard des Italiens jusqu'à la porte Saint-Denis, tous les arbres des boulevards sont coupés, toutes les co-lonnes renversées, tous les bancs descellés. Les abords de toutes les rues aboutissantes sont gardés par les combattants.

Mais les préparatifs sont surtout imposants à partir de la rue Saint-Denis ; toute la largeur du boulevard y est barrée par une barricade solide comme un mur ; une barricade plus haute et plus impénétrable encore défend l'entrée de la rue ; des barricades semblables s'échelonnent de distance en distance sur le boulevard jusqu'à la Bastille, et des deux côtés de la porte Saint-Denis jusqu'à la Chapelle et au bord de l'eau.

Des engagements ont lieu sur divers points. On apprend que la lutte, depuis la catastrophe du boulevard des Capucines, n'a pas un instant cessé dans les quartiers Saint-Denis et Saint-Martin. Bientôt des troupes débouchent sur le boulevard même, à la hauteur de la rue Montmartre. C'est un déploiement de forces considérable. On voit paraître successivement des chasseurs de Vincennes, des dragons, des chasseurs et de la troupe de ligne. Celle-ci engage un feu de peloton contre les défenseurs de la barricade élevée à l'entrée du faubourg.

A huit heures, les troupes filent vers le boulevard Saint-Denis, où des engagements plus meurtriers ont lieu. Les barricades continuent à se construire. Le peuple se procure des armes et des munitions.

A neuf heures, ont apprit que le roi avait appelé dans la nuit MM. Odilon Barrot et Thiers; qu'un ministère composé de MM. Odilon Barrot, Thiers, Duvergier de Hauranne, Léon de Malleville et de Rémusat, venait d'être nommé, et que la dissolution de la chambre était arrêtée.

Mais, par un aveuglement qu'on ne peut s'expliquer, le *Moniteur* ne contenait que la nomination de M. Bugeaud aux fonctions de commandant supérieur des forces militaires du département de la Seine.

Cette nouvelle jeta une exaspération terrible dans le peuple.

Le général Lamoricière est blessé légèrement au bras et à la poitrine de deux coups de baïonnette ; son cheval a été tué rue de Richelieu.

Le poste du Château-d'Eau (place du Palais-Royal) était défendu par 184 hommes du 14e de ligne. Le chef de bataillon, ayant refusé de se rendre, a été tué d'un coup de baïonnette. Une partie des soldats avaient quitté le poste par la rue Froimenteau. Les autres ont fraternisé avec le peuple. Après l'évacuation complète, le poste a été incendié.

Le roi s'est enfui des Tuileries à une heure pour se rendre à Saint-Cloud, où il est resté quelques minutes seulement.

Les scènes sanglantes sont terminées ; le nombre des victimes sera toujours trop considérable : un seul de nos frères, *citoyen* ou *soldat*, c'est un frère !!!

Lorsque tous seront reconnus nous donnerons la liste des victimes, *dans une livraison prochaine.* Voici la composition du gouvernement provisoire :

AU NOM DU PEUPLE SOUVERAIN.

Citoyens ,

Un Gouvernement provisoire vient d'être installé ; il est composé, de par la volonté du peuple , des citoyens :

Fr. Arago ,
Louis Blanc.

Marie,
Lamartine,
Flocon,
Ledru-Rollin,
Recurt,
Marrast,
Albert, *ouvrier mécanicien.*

Pour veiller à l'exécution des mesures qui seront prises par ce gouvernement, la volonté du peuple a aussi choisi pour *délégués* au département de la police les citoyens Caussidière et Sobrier.

La même volonté souveraine du peuple a désigné le citoyen Etienne Arago à la direction générale des postes.

Comme première exécution des ordres donnés par le gouvernement provisoire, il est ordonné à tous les boulangers et fournisseurs de vivres de tenir leurs magasins ouverts à tous ceux qui en auraient besoin.

Il est expressément recommandé au peuple de ne point quitter ses armes, ses positions, ni son attitude révolutionnaire. Il a été trop souvent trompé par la trahison ; il importe de ne plus laisser de possibilité à d'aussi terribles et d'aussi criminels attentats.

Pour satisfaire au vœu général du peuple souverain, le gouvernement provisoire a décidé et effectué, avec l'aide de la garde nationale, la mise en liberté de tous nos frères détenus politiques. Mais en même temps, il a conservé dans les prisons, toujours avec l'assistance, on ne peut plus honorable, de la garde nationale, les détenus constitués en prison pour crimes ou délits contre les personnes ou les propriétés.

Les familles des citoyens morts ou blessés pour la défense des droits du peuple souverain sont invitées à faire parvenir, aussitôt que possible, aux délégués au département de la police, les noms des victimes de leur dévouement à la chose publique, afin qu'il soit pourvu aux besoins les plus pressants.

Fait à Paris, en l'hôtel de la Préfecture de Police, le 24 février 1848.

Les délégués au département de la Police,

Caussidière et Sobrier.

AU NOM DU PEUPLE FRANÇAIS.

Le Gouvernement provisoire arrête :

M. Dupont (de l'Eure) est nommé président provisoire du conseil, sans portefeuille ;

M. de Lamartine, ministre provisoire aux affaires étrangères ;

M. Crémieux, ministre provisoire à la justice ;

M. Ledru-Rollin, ministre provisoire à l'intérieur ;

M. Michel Goudchaux, ministre provisoire aux finances ;

M. François Arago, ministre provisoire à la marine ;

M. le général Bedeau, ministre provisoire à la guerre ;

M. Carnot, ministre provisoire à l'instruction publique (Les cultes formeront une division de ce ministère);

M. Bethmont, ministre provisoire au commerce ;

M. Marie, ministre provisoire aux travaux publics ;

Le général Cavaignac, gouverneur général de l'Algérie.

La garde municipale est dissoute.

M. Garnier-Pagès est nommé maire de Paris.

MM. Guinard et Recurt sont nommés adjoints au maire de Paris.

M. Flotard est nommé secrétaire général.

Tous les autres maires de Paris, ainsi que les maires-adjoints, sont provisoirement maintenus comme maires et adjoints d'arrondissements.

AU NOM DU PEUPLE FRANÇAIS.

Proclamation du gouvernement provisoire au peuple français.

Un gouvernement rétrograde et oligarchique vient d'être renversé par l'héroïsme du peuple de Paris. Ce gouvernement s'est enfui en laissant derrière lui une trace de sang qui lui défend de revenir sur ses pas.

Le sang du peuple a coulé comme en juillet ; mais cette fois ce généreux sang ne sera pas trompé. Il a conquis un gouvernement national et populaire en rapport avec les droits, les progrès et la volonté de ce grand et généreux peuple.

Un gouvernement provisoire, sorti d'acclamation et d'urgence par la voix du peuple et des députés des départements, dans la séance du 24 février, est investi momentanément du soin d'assurer et d'organiser la victoire nationale. Il est composé de :

MM. Dupont (de l'Eure).
    Lamartine.
    Crémieux.
    Arago (de l'Institut).
    Ledru-Rollin.
    Garnier-Pagès.
    Marie.

Ce gouvernement a pour secrétaires :

MM. Armand Marrast.
  Louis Blanc.
  Ferdinand Flocon.
  Aubert.

Ces citoyens n'ont pas hésité un instant à accepter la mission patriotique qui leur était imposée par l'urgence. Quand la Capitale de la France est en feu, le mandat du gouvernement provisoire est dans le salut public. La France entière le comprendra et lui prêtera le concours de son patriotisme. Sous le gouvernement populaire que proclame le gouvernement provisoire, tout citoyen est magistrat

Français, donnez au monde l'exemple que Paris a donné à la France ; préparez-vous par l'ordre et la confiance en vous-mêmes aux institutions fortes que vous allez être appelés à vous donner.

Le gouvernement provisoire veut la RÉPUBLIQUE, sauf ratification par le peuple, qui sera immédiatement consulté.

L'unité de la nation formée désormais de toutes les classes de citoyens qui la composent ; le gouvernement de la nation par elle-même ;

La liberté, l'égalité et la fraternité pour principes, le peuple pour devise et mot d'ordre, voilà le gouvernement démocratique que la France se doit à elle-même et que nos efforts sauront lui assurer.

DUPONT (de l'Eure),
LAMARTINE,
CRÉMIEUX,
LEDRU-ROLLIN,
GARNIER-PAGÈS,
MARIE,
ARAGO,

Membres du Gouvernement provisoire.

ARMAND MARRAST,
LOUIS BLANC,
Secrétaires.

AU NOM DU PEUPLE FRANÇAIS.

Le gouvernement provisoire arrête :
La Chambre des Députés est dissoute.

Il est interdit à la Chambre des Pairs de se réunir.

Une assemblée nationale sera convoquée aussitôt que le gouvernement provisoire aura réglé les mesures d'ordre et de police nécessaires pour le vote de tous les citoyens.

Paris, le 24 février 1848.

LAMARTINE,
LEDRU-ROLLIN.
LOUIS BLANC, *secrétaire.*

RÉPUBLIQUE FRANÇAISE.

Paris, le 25 février 1848.

Le gouvernement de la République française s'engage à garantir l'existence de l'ouvrier par le travail ;

Il s'engage à garantir du travail à tous les citoyens ;

Il reconnaît que les ouvriers doivent s'associer entre eux pour jouir du bénéfice légitime de leur travail.

Le gouvernement provisoire rend aux ouvriers, auxquels il appartient, le million qui va échoir de la liste civile.

GARNIER-PAGÈS,

Maire de Paris.

LOUIS BLANC,

*L'un des secrétaires du Gouvernement
provisoire.*

Tout ce qui concerne la direction des beaux-arts et des musées, autrefois dans les attributions de la liste civile, constituera une division du ministère de l'intérieur.

Le jury chargé de recevoir les tableaux aux expositions annuelles sera nommé par élection.

Les artistes seront convoqués à cet effet par un prochain arrêté.

Le salon de 1848 sera ouvert le 15 mars.

LEDRU-ROLLIN.

AU NOM DU PEUPLE FRANÇAIS.

A la garde nationale.

Citoyens !

Votre attitude dans ces dernières et grandes journées a été telle qu'on devait l'attendre d'hommes exercés depuis longtemps aux luttes de la liberté.

Grâce à votre fraternelle union avec le peuple, avec les écoles, la révolution est accomplie ! !...

La patrie vous en sera reconnaissante.

Aujourd'hui tous les citoyens font partie de la garde nationale ; tous doivent concourir activement, avec le gouvernement provisoire, au triomphe régulier des libertés publiques.

Le gouvernement provisoire compte sur votre zèle, sur votre dévouement à seconder ses efforts dans la mission difficile que le peuple lui a conférée.

Les Membres du Gouvernement provisoire ,

Dupont (de l'Eure).
F. Arago.
Marie.
Lamartine.
Crémieux.
Ledru-Rollin.
Garnier-Pagès.
Louis Blanc , *secrétaire.*
Arm. Marrast,   *id.*
Flocon ,   *id.*
Aubert ,   *id.*

RÉPUBLIQUE FRANÇAISE.

La garnison du fort de Vincennes vient de reconnaître le gouvernement de la République. Toutes les troupes envoient leur adhésion au mouvement qui emporte la France.

A chaque instant le gouvernement provisoire de la République reçoit des villes et des populations les témoignages les plus vifs de sympathie à la victoire du Peuple.

Signé : *Les membres du gouvernement provisoire de la République.*

> DUPONT (DE L'EURE),
> LAMARTINE,
> GARNIER-PAGÈS,
> ARAGO,
> MARIE,
> LEDRU-ROLLIN,
> CRÉMIEUX,
> LOUIS BLANC,
> MARRAST,
> FLOCON,
> ALBERT (*ouvrier*).

Certifié conforme : *Le représentant du Peuple pour le premier arrondissement.*

> LA CHATRE.

RÉPUBLIQUE FRANÇAISE.

CITOYENS DE PARIS !

Le Coq Gaulois et les Trois Couleurs étaient nos signes vénérés quand nous fondâmes la République en France; ils furent adoptés par les glorieuses journées de Juillet. Ne songez pas, Citoyens, à les supprimer ou à les modifier; vous répudieriez les plus belles pages de votre Histoire, votre gloire immortelle, votre courage, qui s'est fait connaître sur tous les points du globe. Conservez donc le Coq Gaulois, les Trois Couleurs; le gouvernement provisoire le demande à votre patriotisme.

> *Les membres du gouvernement provisoire,*
> GARNIER-PAGÈS, maire de Paris.
> AD. CREMIEUX.
> LOUIS BLANC, secrétaire.
> *Préfecture du département de la Seine.*

L'école de Saint-Cyr a fait ce soir, à neuf heures, son entrée à Paris aux cris de *vive la république !*

Tout Paris est ce soir splendidement illuminé, même dans les parties du faubourg Saint-Germain, où l'on n'apercevait hier qu'inquiétude et deuil. Les groupes armés sont presque complétement remplacés par des groupes de promeneurs inoffensifs, tous radieux de joie et d'espoir dans l'avenir.